BEI GRIN MACHT SICH IHR WISSEN BEZAHLT

- Wir veröffentlichen Ihre Hausarbeit, Bachelor- und Masterarbeit

- Ihr eigenes eBook und Buch - weltweit in allen wichtigen Shops

- Verdienen Sie an jedem Verkauf

Jetzt bei www.GRIN.com hochladen und kostenlos publizieren

GRIN ☺

Bibliografische Information der Deutschen Nationalbibliothek:

Die Deutsche Bibliothek verzeichnet diese Publikation in der Deutschen National-
bibliografie; detaillierte bibliografische Daten sind im Internet über http://dnb.d-
nb.de/ abrufbar.

Impressum:

Copyright © 2016 GRIN Verlag
Druck und Bindung: Books on Demand GmbH, Norderstedt Germany
ISBN: 9783668780897

Dieses Buch bei GRIN:

https://www.grin.com/document/436965

Marimilian Kerber

Neue Medien als Sozialisationsbedingung. Beeinflussung von Medien auf Kinder und Jugendlichen

GRIN Verlag

Fakultät für Sozialwesen

Thema:

Neue Medien als Sozialisationsbedingung

Inhaltsverzeichnis

Einleitung

Medien sind heutzutage nicht mehr aus unserem Alltag rauszudenken. Sie sind in jedem Haushalt in Deutschland vertreten, egal welche Art von Medien. Doch vor allem neue Medien beschäftigen die Gesellschaft, da der Einfluss auf die junge Generation noch nicht geklärt ist. Es stellt sich die Frage, ob oder welchen Einfluss neue Medien auf die Sozialisation haben? Dieses Referat versucht einzelne Aspekte dieser Frage nachzugehen. Das Referat ist in 3 Kapiteln gegliedert.

In *Kapitel 1* geht es um die Begrifflichkeiten, die rund um das Referat von Bedeutung sind.

In *Kapitel 2* handelt es sich um die Frage, wie neue Medien die Sozialisation von Kindern und Jugendlichen beeinflussen. Darunter kommen noch zwei Unterpunkte mit dem Schwerpunkt der Bedeutung der sozialen Netzwerke für Jugendliche und den Möglichkeiten, die sich aus dem Internet und den sozialen Netzwerken ergeben. Im ersten Schritt wird beschrieben, wie Kinder und Jugendliche im Alltag mit Medien in Kontakt kommen, um die Relevanz des Themas zu unterstreichen. Dabei wird auch auf Statistiken eingegangen, um mit Konkreten Zahlen und Fakten zu arbeiten. Daraufhin wird auf die Sicht der Jugendlichen eingegangen, wieso soziale Netzwerke so wichtig sind. Anschließend werden die Möglichkeiten des weiten Internets erläutert, um auch auf die Relevanz des Internets, für die Jugendlichen, einzugehen.

In *Kapitel 3* wird auf die Bedeutung der neuen Medien für die Soziale Arbeit eingegangen. Es werden neue Herausforderungen beschrieben, die überwunden werden müssen. Danach wird darauf eingegangen, wie man diesen Herausforderungen gerecht werden kann. Unterpunkt des 3. Kapitels sind die Chancen durch die Mediatisierung, welche neuen Medien in der Sozialen Arbeit benutzt werden und das neue Angebot der Online-Beratung wird kurz erläutert.

1 Begriffserklärungen

1.1 Medien

Das Wort „Medien" ist der Plural des Wortes „Medium". Als Medium wird ein technischer und organisatorischer Apparat für die Vermittlung von Informationen, Kulturgütern und Meinungen verstanden. Medium wird ebenfalls als Hilfsmittel verstanden, das zur Vermittlung von Bildung und Information dient, wie Bücher und Tonbänder. Medien werden auch als Trägersysteme zur Informationsvermittlung verstanden, wie zum Beispiel Fernsehen, Presse, Hörfunk. (Vgl. www.DUDEN.de 2016)

1.2 Neue Medien

Mit neuen Medien hat man früher die neuen Techniken beschrieben, die neu auf den Markt gekommen sind, wie zum Beispiel das Radio und dann der Fernseher. Heute wird der Begriff „neue Medien" mit der digitalen Form von Medien in Verbindung gebracht, wie zum Beispiel Blu-ray, DVD, E-Mail und das WWW. Neue Medien werden auch immer häufiger mit dem Begriff Multimedia verknüpft, welches die Integration verschiedener Formen der Sprache, Kommunikation, Text, Computertechnik, Video und Audio versteht. (Vgl. www.DTP.de 2016)

1.3 Mediatisierung

Im 14. Kinder und Jugendbericht des Bundesministeriums für Familie, Senioren, Frauen und Jugend wird „Mit dem Phänomen der Mediatisierung ist die zunehmende Bedeutung des medialen Wandels für Identität, Alltag, Kultur und Gesellschaft gemeint."

Mediatisierung beschreibt ein Prozess der Medienverbreitung in der Gesellschaft. Dieser Entwicklung ist vor allem in den Privathaushalten zu spüren, da es heutzutage kaum ein Haushalt ohne einen Computer, einen Fernseher oder ein Smartphone gibt.

1.4 Digital Natives – Digital Immigrants

„Digital Natives" und „Digital Immigrants" sind zwei Begriffe, die zwei verschiedene Generationen in der heutigen Zeit beschreiben. Die „Digital Natives" gehören zu der jungen Generation, die von Anfang an mit Medien oder den neuen Medien in Berührung gekommen sind und für sie die Medienwelt eine vertraute ist. Die „Digital Immigrants" gehören zu der Generation, die die neuen Medien erst im Erwachsenenalter kennengelernt haben und sich aufgrund dessen meistens auch schwer tun, sich mit der schnellen Entwicklung der Medien zurecht zu finden. In ihrer Kindheit gab es viele Medien noch nicht, wie zum Beispiel das Smartphone oder das Tablet. Auch das Internet war in ihrer Kindheit noch nicht für privathaushalte zugänglich. Viele der älteren Generation tun sich schwer, die neuen Medien zu verstehen und zu akzeptieren. (Vgl. OTTO/KUTSCHER 2004, S. 17)

1.5 Sozialisation

Mit dem Begriff „Sozialisation" wird ein Prozess beschrieben, der ein ganzes Leben lang anhält und durch die ständige Interaktion zwischen dem Individuum und der Umwelt stattfindet. Die Umwelt besteht aus verschiedenen Lebensbereichen, die in verschiedene Bereiche eingeteilt werden kann. Jedes Individuum erlebt eine eigene Sozialisation, die mit keiner anderen vergleichbar ist und formt das Individuum bis ins hohe Alter. (OTTO/KUTSCHER 2004, S. 20ff)

2   Wie beeinflussen neue Medien die Sozialisation von Kindern und Jugendlichen?

Da die Sozialisation durch die ständige Interaktion zwischen dem Individuum und der Umwelt stattfindet, ist der Einfluss der neuen Medien ein großer Bestandteil der Sozialisation geworden. Die Mediatisierung der Gesellschaft trägt einen großen Teil dazu bei, da die Medien in den privaten Haushalten kaum noch weg zu denken sind. Neue Medien sind in der heutigen Zeit fest in den Alltag integriert und beeinflussen damit auch das Familienleben. Medien durchdringen Bereiche der Alltagsbewältigung und -gestaltung und ermöglichen neue Interaktionsmöglichkeiten, deshalb ist es fast unmöglich sie aus dem Alltag auszuschließen, auch wenn manche Eltern aus der Generation der „Digital Immigrants" stammen und ihnen die neuen technischen Geräte etwas Unbehagen bereiten, müssen sie bis zu einem gewissen Grad akzeptieren, dass die neue Medienwelt ein Bestandteil des heutigen Lebens ist. (Vgl. HUGGER 2015, S.11)

Inwieweit Kinder und Jugendliche mit der Mediatisierung in Berührung kommen, kann man an Zahlen gut sichtbar machen und die Ausbreitung der Medien verdeutlichen. 29% der 10-11 Jähriger Kinder besitzen, laut der KIM-Studie 2014, ein Smartphone. Bei 12-13 Jährigen steigt die Zahl drastisch auf 55%. (Vgl. HUGGER 2015, S.7) Laut der KIM-Studie haben 93% der 12-13 Jährigen schon Onlineerfahrungen gesammelt, was eine beeindruckende Zahl ist, da es in der ersten KIM-Studie 1999 gerade mal 13% waren. (Vgl. www.MPFS.de 2016)

Anhand dieser Zahlen kann man feststellen, dass der Medienbesitz und die Mediennutzung sich so stark ausgebreitet haben, dass kaum ein Kind sich noch nicht mit einem neuen Medium beschäftigt hat. Diese Entwicklung macht vielen Eltern sorgen und können die Ausmaße der Mediatisierung noch nicht einschätzen. Im Gegensatz zu den Eltern wenden Kinder und Jugendliche sich mit großer Offenheit an die Vielfalt der Medien, da sie viele Möglichkeiten eröffnen und die Kinder und Jugendlichen zu der Generation „Digital Natives" gehören. Sie wurden in die Medienwelt hineingeboren und kennen es nicht anders.

Doch was machen diese „Neuen Medien" mit unseren Kindern und Jugendlichen? Mit dieser Frage beschäftigen sich bisher schon viele Forschungen, da die Veränderungen in den letzten Jahren so drastisch sind und diese mediatisierte Welt noch nicht allzu lange vorhanden ist, kann man noch keine eindeutige Stellung dazu nehmen, ob es Kinder und Jugendliche positiv oder negativ beeinflusst. Dies führt zu einem Streitthema, da es für beide Seiten Argumentationen gibt. Aber vielleicht sollte man betrachten, welche Faktoren dazu beitragen, ob Medien guten oder schlechten Einfluss haben, denn aufhalten kann man diese Entwicklung nicht.

Eins der wichtigsten Faktoren ist der Umfang des Konsums und der richtige Umgang mit den Medien. Dies wird hauptsächlich durch das Elternhaus kontrolliert und liegt in ihrer Verantwortung. Wenn das Kind und der Jugendliche kontrollierten Zugang zu neuen Medien haben und der Medieninhalt reflektiert wird, dann muss man sich auch keine Sorgen machen, dass das Kind oder der Jugendliche exzessive Mediennutzung betreibt. Es ist wichtig die Inhalte der Medien zu besprechen und zu reflektieren, damit Kinder und Jugendliche nicht mit den Inhalten überfordert sind. Das gilt für Nachrichten, in denen Kriegsszenarien abgebildet werden oder Talkshows, in denen geschauspielert wird.

Durch die mobilen Medien, wie zum Beispiel das Smartphone, ist eine ständige Erreichbarkeit möglich, so dass Kinder und Jugendliche die Möglichkeit haben, jederzeit Unterstützung und Hilfe einzufordern. Wenn der Bus verpasst wurde oder man nachfragen möchte, ob man später nach Hause kommen kann, ist das ohne großen Aufwand verbunden. Das bedeutet aber auch, dass die Eltern sich jederzeit versichern können, dass es ihrem Kind gut geht und eine gewisse Kontrolle möglich ist. Dies war vor 10 Jahren noch nicht denkbar, da kaum ein Kind oder ein Jugendlicher ein Handy besaß. Diese neue Möglichkeit kann der Selbständigkeit und dem Autonomiebestreben entgegenwirken, da das Kind oder der Jugendliche weiß, dass er die Eltern jederzeit erreichen kann und sich nicht selber um die Situation kümmern muss. (Vgl. TILLMANN/FLEISCHER/HUGGER 2014, S.38)

2.1 Bedeutung der sozialen Netzwerke für Jugendliche

Mit sozialen Netzwerken werden Plattformen beschrieben, in denen der Kommunikations- und Informationsaustausch im Vordergrund steht. Um sich so einem sozialen Netzwerk anschließen zu können, muss ein Profil erstellt werden, mit dem man sich selber darstellen kann. Ob das Profil der Richtigkeit entspricht, ist nicht überprüfbar. Das bekannteste soziale Netzwerk ist Facebook. Allein in Deutschland besitzen 7 Millionen Jugendliche zwischen 12 und 19 Jahren ein Profil. Das sind 87% der Jugendlichen in Deutschland. 99% dieser Jugendlichen sind gelegentlich und 90% sind mehrmals pro Woche online. Das soziale Netzwerke eine große Bedeutung bei den Jugendlichen haben, ist unumstritten. Für 77% der Community-Nutzer ist die Kontaktpflege in diesen Netzwerken am wichtigsten. Diese Form der Kommunikation ist ein Ersatz für das telefonieren, E-Mails schreiben und Briefe schreiben. Vor einigen Jahren konnte man alle Festnetznummern der Freunde auswendig und hat dort angerufen, um zu fragen, ob Jemand Zeit hat, etwas zu unternehmen. Heutzutage loggt man sich in ein soziales Netzwerk ein und schaut, wer gerade ebenfalls aktiv ist. Nebenher werden die neusten Beiträge und Bilder angeschaut, um auf den neusten Stand zu sein. Der Inhalt gleicht den klassischen Medien, da man Musik, Videos, Bilder usw.

anschauen kann, nur ist es nun möglich, alles auf einer Plattform zu erledigen. Durch die sozialen Netzwerke ist es für die Jugendlichen möglich, ständig im Austausch mit den Freunden zu stehen und das Wir-Gefühl durch verschiedene Gruppen zu stärken. Außerdem wird die Gestaltung des eigenen Profils auch als Selbstdarstellung genutzt. Einmal kann man sich mit gut ausgesuchten Bildern darstellen, die mit Bedacht hochgeladen werden und erhofft sich somit die Anerkennung der anderen, mit sogenannten „Likes". Zum zweiten können Hobbys und persönliche Daten eingestellt werden, wie zum Beispiel der Beziehungsstatus oder das Geburtsdatum. (Vgl. DITTLER/HOYER 2012, S.15ff)

Mit der Selbstdarstellung versucht der Jugendliche eine Identität zu konzipieren und zu schauen, ob diese gut ankommt, bei den anderen Usern. Diese Identität kann man in den sozialen Netzwerken jederzeit verändern, was dem Jugendlichen helfen kann sich selber zu finden. Durch das weite Spektrum an Möglichkeiten, sich heutzutage zu definieren, ist es für die Jugendlichen nicht einfacher geworden ihre Identität zu finden. Das Internet bietet dafür viel Freiraum und kann auf verschiedene Weisen inspirieren. Für Jugendliche ist das ein idealer Raum, um sich auszuleben und sich in verschiedene Rollen auszuprobieren. (Vgl. DITTLER/HOYER 2012, S.32)

2.2 Möglichkeiten durch das Internet und soziale Netzwerke

Die Möglichkeiten im Internet und in den sozialen Netzwerken sind in den letzten Jahren enorm gestiegen, so dass auch Kinder und Jugendliche diese ausprobieren. Das fast jeder Jugendlicher in Deutschland die Möglichkeit hat im Internet zu surfen, ist unumstritten, doch wie das Internet genutzt wird ist auch eine Frage des Bildungshintergrundes. Das bedeutet, dass die Nutzungsunterschiede des Internets durch Bildungsdifferenzen entstehen. Wonach ein Jugendlicher im Internet schaut, wird von kulturellen, persönlichen, sozialen und situativen Faktoren beeinflusst. Da manche Nutzungsweisen des Internets als „erstrebenswerter" gesehen werden, wie zum Beispiel der gezielten Informationssuche, und manche Aktivitäten, wie zum Beispiel das Chatten, als nicht erstrebenswert gesehen werden, sollte diese Ungleichheit behoben werden, um die Nutzungschancen und die Möglichkeiten im Internet für alle gleichermaßen zu ermöglichen. Wie dies umgesetzt werden kann, wird im 3. Kapitel angesprochen. (Vgl. KOMPETENZZENTRUM INFORMELLE BILDUNG 2007, S.68ff)

„…, je geringer der formale Bildungshintergrund, umso weniger werden Suchmaschinen zur gezielten Suche nach Informationen genutzt." (KOMPETENZZENTRUM INFORMELLE BILDUNG 2007, S.79)

Eine Möglichkeit, die von Jugendlichen am meisten genutzt wird, ist die Suche nach Hilfe und Rat. Da Jugendliche die Pubertät durchlaufen und dadurch viele Fragen auftauchen, die die Themen Schule, Ausbildung, Freundschaft, Liebe und Partnerschaft betreffen, gibt es die Möglichkeit im Internet und in den sozialen Netzwerken sich über diese Themen zu informieren und auszutauschen. Was dabei Reizvoll ist, ist die Anonymität der Jugendlichen. Sich anonym über etwas zu informieren oder auszutauschen ist für Jugendliche sehr wertvoll. Besonders bei Themen, die sehr intim und vielleicht auch peinlich sind, hat der Jugendliche die Möglichkeit sich in einem geschützten Rahmen, mit diesen Themen, zu beschäftigen. Früher gab es nur die Option mit jemandem darüber zu reden, in eine Bibliothek zu gehen, um sich dort zu informieren oder das Bedürfnis nach Antworten zurück zu stellen. Ein Beispiel wäre das Thema Homosexualität. Wenn ein pubertierender Junge auffällt, dass er sich vom gleichen Geschlecht angezogen fühlt, stellen sich oft Fragen, wie zum Beispiel „Ist das normal?", „Bin ich der einzige, der sowas fühlt?", „Wie kann ich mir sicher sein, dass ich homosexuell bin?" oder auch „Ist es okay, dass ich so fühle?". In solchen Situationen traut man sich meistens nicht, so etwas im Kreis der Familie oder der Freunde anzusprechen. Vor einigen Jahren hätte dieser Junge keine Chance, sich anonym über dieses Thema zu informieren oder sogar mit anderen, die genauso fühlen, auszutauschen. Das Thema hätte ihn sehr belastet, da es keinen sicheren Raum gäbe, um sich damit zu beschäftigen. Heute ist das Internet und die sozialen Netzwerke voller Foren und Informationsseiten, in denen man für solche Situationen Raum schafft und das anonym. Diese Möglichkeit, die uns das Internet ermöglicht, ist für viele von unschätzbarem Wert. (Vgl. KOMPETENZZENTRUM INFORMELLE BILDUNG 2007, S.68)

Eine weitere Möglichkeit für Jugendliche ist es, einen Ort oder Treffpunkt zu schaffen, der geografisch nicht vorhanden ist. Durch die mobilen Mediengeräte, können diese Räume von fast überall betreten werden. Eine Sozialisationserfahrung, die daraus erschließbar ist, ist die vielfältige Verknüpfung der virtuellen und realen Räume. Die Jugendlichen können jederzeit zwischen diesen zwei Räumen wechseln und sich auch in der virtuellen Welt verstecken, wenn ihnen die reale Welt gerade nicht attraktiv erscheint. Durch diesen ständigen Wechsel kann räumliche Trennung übergangen werden. Damit sind zum Beispiel Chats und soziale Netzwerke gemeint. Der Jugendliche ist physisch zwar anwesend, psychisch jedoch abwesend. Eine Situation, die im familiären Kontext sehr häufig auftritt, wie zum Beispiel beim Abendessen mit der Familie oder ein Familienbesuch. Da Jugendliche in der Pubertät lieber mit ihren Freunden in Kontakt sind, als mit den Eltern, haben sie die Möglichkeit durch ein mobiles Mediengerät die räumliche Trennung zu den Freunden zu überwinden und sich psychisch von den Eltern abzugrenzen. (Vgl. TILLMANN/FLEISCHER/HUGGER 2014, S.34ff)

Das Internet und die sozialen Netzwerke bieten ein Freiheitsspielraum für Pluralisierung, Individualisierung und Werteorientierung an. Es bietet einen Raum zur Selbstinszenierung und Selbstentfaltung, wie an dem Beispiel der Homosexualität schon beschrieben. (Vgl. TILLMANN/FLEISCHER/HUGGER 2014, S.47)

Eine weitere Möglichkeit im Internet besteht darin, dass ein selbstgesteuertes Aneignungs- und Bildungsprozess stattfindet. Es bietet einen informellen Raum oder auch eine Institution für selbständigen Wissenserwerb. Ein niederschwelliges Angebot wäre zum Beispiel Wikipedia, da es nicht nötig ist, spezifisch auf dieser Seite zu suchen, da Wikipedia fast immer als erstes Angebot erscheint, egal nach was man sucht. Ob alle Informationen der Richtigkeit entsprechen und wie die Informationen von den Jugendlichen verarbeiten werden, hängt von der Begleitung der Eltern ab. Informationen aus verschiedenen Medien müssen reflektiert werden und ausgetauscht werden. Dabei spielt der Bildungshintergrund eine wichtige Rolle. Dafür müssen Eltern sensibilisiert werden, worauf im 3. Kapitel noch näher eingegangen wird. (Vgl. OTTO/KUTSCHER 2004, S.56f)

3 Bedeutung der neuen Medien für die Soziale Arbeit

Die Soziale Arbeit ist eine gesetzliche und öffentliche fundierte Instanz. Sie hat Verantwortung gegenüber ihrer Profession, der Gesellschaft und dem Individuum, auch als Tripelmandat bezeichnet. Durch die Aktualität der Medien lassen sich neue Herausforderungen für die Soziale Arbeit definieren, wie zum Beispiel Medienkompetenzen zu vermitteln, Ungleichheiten im Bereich der Medienbildung aufzulösen und Probleme, die durch Mediennutzung entstehen können, aufzufangen.(Vgl. CLEPPIEN/LERCHE 2010, S. 90ff)

Im folgenden Abschnitt wird anhand der konzeptionellen Vorschläge von Georg Cleppien und Ulrike Lerche (2010) beschrieben, wie diese Herausforderungen umgesetzt werden können.

Eine Sensibilisierung für Medienbildung und Medienkompetenz der Erzieher. Dies betrifft Lehrer in Schulen, wie auch Erzieher in Kindergärten und Eltern. Diese Aufgabe ist durch die Mediatisierung der Gesellschaft ein wichtiger Bestandteil in der heutigen Erziehung. Ihnen sind die damit verbundenen Risiken und Chancen noch nicht vollständig bewusst. .(Vgl. CLEPPIEN/LERCHE 2010, S. 100)

Angebote für Kinder und Jugendliche machen. Sie wählen mediale Angebote mit zunehmendem Alter bewusst aus. Außerdem werden sie selber aktiv und beteiligen sich in verschiedenen Formen, wie zum Beispiel bei Anrufen, Zuschriften, SMS, Abstimmungen, Gewinnspielen, E-Mails, schicken Wünsche und Grüße über dem Bildschirm und besuchen Internetseiten der Fernsehsender. Auf solche Potenziale und Interessen muss pädagogisch reagiert werden, um ressourcenorientierte Angebote die Medienkompetenzen stärken und fördern. Ein Beispiel wäre das Fernseherformat TOGGO, die auch eine Internetseite besitzt, die Kinder sehr gerne besuchen. Dies wäre ein Ort, für pädagogische Arbeit. (vgl. CLEPPIEN/LERCHE 2010, S. 100, zit. nach: KIM 2008, S. 41).

Bildungsgerechtigkeit und die Eröffnung gleichberechtigter Bildungschancen ist eine zentrale Herausforderung, um Jugendlichen und Kindern unabhängig von ethnischer Herkunft, Bildungsstand der Eltern oder sozio-kulturelle Lage, gleiche Möglichkeiten zu ermöglichen. Um das umzusetzen, müssen die Schulen und andere Bildungseinrichtungen miteinbezogen werden. Dazu gehört auch die Förderung Benachteiligter Gruppen, wie zum Beispiel Jugendliche und Kinder aus bildungsfernen Schichten, die Medieninhalte weniger reflektieren und mit den Eltern nicht thematisiert werden. Durch besondere Förderschwerpunkte können strukturelle Benachteiligungen entgegengewirkt werden. (vgl. CLEPPIEN/LERCHE 2010, S. 101)

Um Medienkompetenzen im frühen Alter zu vermitteln, ist eine Integration von Medienangeboten in verschiedenen Bildungsinstitutionen unumgänglich, da man Medienkompetenzen nur im Umgang mit Medien erlenen kann. Dies gilt für Kindergärten, Schulen, die Erwachsenenbildung und Seniorenbildung. Die Begründung für die Integration von Medienangeboten wird mit der gelingenden Beteiligung, die durch Medien möglich sind, in der Gesellschaft als Notwendig gesehen. (vgl. CLEPPIEN/LERCHE 2010, S. 101)

Cleppien und Lerche benennen als einen weiteren Aspekt, eine Kooperation mit Medienpartnern zu fördern: „Um unzureichende Ausgangsbedingungen für Medienarbeit (fehlende Technikausstattung, fehlende Medienkompetenz von Pädagogen etc.) an Schulen oder in anderen Bildungseinrichtungen zu kompensieren, wird auf die Möglichkeit einer Unterstützung durch Medienpartnern wie Medienwerkstätten, Offene Kanäle für Fernsehen oder Radios, aber auch „freie Medienberufler" hingewiesen. Diese ebenfalls öffentlichen Angebote dienen der Unterstützung, um Angebote in anderen Kontexten und Institutionen zu realisieren." (CLEPPIEN/LERCHE 2010, S. 101)

Weiter- und Ausbildungen des pädagogischen Personals sollten ausgebaut werden, denn fehlende Medienkompetenzen können von den sogenannten „Digital Immigrants", wie zum Beispiel Erzieher, Sozialpädagogen und Lehrer aus der älteren Generation, die nicht selbstverständlich mit den verschiedenen Arten der Medien aufgewachsen sind, nur durch Weiter- und Fortbildungen erlernt werden. (Vgl. CLEPPIEN/LERCHE 2010, S. 101)

Die handlungsorientierte Medienarbeit wird als neue Methode der Sozialen Arbeit diskutiert. Es geht nicht mehr darum, die Gesellschaft, die Kinder und Jugendlichen vor den problematischen Medieninhalten zu schützen, sondern einen bewussten und kritischen Umgang mit Medien zu ermöglichen, durch Reflexion der Medieninhalte. Beispielsweise könnten sich Sozialarbeiterinnen und Sozialarbeiter in einer Tagesgruppe bewusst Zeit für Medienthemen nehmen und diese mit den Kindern besprechen. Sie könnten soziale Netzwerke thematisieren und die Kinder fragen, was sie daran gut finden und ob sie selber schon negative Erfahrungen gemacht haben. So werden die Kinder automatisch zum Nachdenken angeregt. Es muss jedoch nicht immer einen offiziellen Charakter haben. Solche Themen können auch beim Mittagessen besprochen werden, in einer lockeren Atmosphäre. Themen könnten dabei zum Beispiel die Dokumentationen der privaten Sender sein, wie zum Beispiel „Mitten im Leben" oder „Berlin Tag und Nacht". Dabei könnte man die Kinder aufklären, dass diese Sendungen nach Drehbuch arbeiten und keine realen Szenen gezeigt werden. (Vgl. CLEPPIEN/LERCHE 2010, S. 95)

Ein weiteres Beispiel könnte die Einführung von Medien in den Schulalltag sein. Dabei könnte die Schule Medien anschaffen und gezielt damit arbeiten. Man könnte ein

Fragebogen erstellen, indem Themen des Lehrplans verwendet werden und die Schüler auffordern, mit Hilfe des Tablets oder des eigenen Smartphones, gezielt Informationen zu suchen. Dabei können die Lehrer die Schüler unterstützen und ihnen zeigen, welche Seiten vertrauenswürdig sind und welche nicht.

3.1 Chancen durch Mediatisierung

Neue Medien werden von der ganzen Bevölkerung in Deutschland genutzt, vor allem das Internet. Das bedeutet, dass das Internet ein virtueller Raum ist, indem sich alle Menschen aktiv bewegen. Durch diese Tatsache erschließen sich viele neue Chancen, die von der Sozialen Arbeit genutzt werden können.

Dazu gehört die Ressourcenerschließung durch sogenannte Fundraising Portale. „Fundraising ist die systematische Analyse, Planung, Durchführung und Kontrolle sämtlicher Aktivitäten einer steuerbegünstigten Organisation, welche darauf abzielen, alle benötigten Ressourcen (Geld-, Sach- und Dienstleistungen) durch eine konsequente Ausrichtung an den Bedürfnissen der Ressourcenbereitsteller (Privatpersonen, Unternehmen, Stiftungen, öffentliche Institutionen) zu möglichst geringen Kosten zu beschaffen." (www.fundraisingverband.de, 2016, zit. nach: URSELMANN 2014) Dadurch besteht die Möglichkeit, fehlende Ressourcen für eine soziale Einrichtung zu ergänzen, ohne hohen Aufwand.

Eine weitere Möglichkeit, die durch das Netz entsteht, ist die Kulturveränderung, durch interkulturelle Verständigung. Diese Verständigung kann durch Botschaften in Blogs, sozialen Netzwerken oder Webseiten kommuniziert werden. Durch Botschaften kann Wissen verbreitet werden, dass Stigmatisierung und Vorurteile auflösen kann. Dies kann durch unterschiedliche Formen verbreitet werden, wie zum Beispiel durch Videos, Texte oder Bilder. (Vgl. www.academia.edu, 2016, S. 4)

Des Weiteren können Handlungskompetenzen im Netz erworben und gefördert werden, wie durch E-Learning. Dort können Sprachen, Allgemeinwissen oder auch Hobbys erlernt werden. Als niederschwellige Lernplattform kann auch YouTube gesehen werden, da es unzählige Erklärungsvideos gibt, die alle Kategorien abdecken. (Vgl. www.academia.edu, 2016, S. 5)

Soziale Vernetzung ist die Königsdisziplin des Internets. Dadurch können Kooperationen und Kommunikationen leichter umgesetzt werden. Eine Terminplanung mit 20 Mitarbeitern ist mit einer Plattform wie Doodle ganz schnell und unkompliziert erledigt. Dateien können durch

Intranets, Clouds und Online-Plattformen jederzeit auf dem aktuellen Stand geöffnet und ausgetauscht werden. Soziale Vernetzung kann in allen Bereichen umgesetzt werden. In sozialen Einrichtungen und Organisationen kann dies viel Arbeit abnehmen und könnte auch Kooperationen einfacher gestalten. Ein Beispiel wäre die Kooperation von einer Jugendhilfeeinrichtung zum Jugendamt. Gäbe es eine Plattform, in der Dateien der Klienten gespeichert und ausgetauscht werden, wäre die Kommunikation über den Klienten viel leichter gestaltet und dadurch auch aktiver. (Vgl. www.academia.edu, 2016, S.5)

Beteiligungsmöglichkeiten können im Netz ohne großen Aufwand umgesetzt werden. Ein Klient, der unzufrieden mit der Betreuung seiner Hilfe ist, kann sich auf einer dafür eingerichteten Plattform beschweren und somit sein Recht auf Äußerung umsetzen. In der virtuellen Welt fällt es vielen Klienten leichter, als sich im persönlichen Kontakt darüber auszutauschen. Daraus können schnellere Veränderungen entstehen, wenn sich ein Thema immer wieder auf der Plattform lesen lässt und sich damit beschäftigt wird. (Vgl. www.academia.edu, 2016, S.5)

Eine weitere, sehr wichtige Möglichkeit in der Sozialen Arbeit, ist die Öffentlichkeitsarbeit. Sie ist ein großer Bestandteil der Sozialen Arbeit, da sie die Gesellschaft dadurch sensibilisieren und erreichen möchte. Ebenso werden dadurch Klienten aktiviert sich zu informieren oder eine Anlaufstelle zu besuchen. Öffentlichkeitsarbeit ist zum Beispiel mit Kampagnen in sozialen Netzwerken möglich. (Vgl. www.academia.edu, 2016, S.5)

3.2 Neue Medien in der Praxis der Sozialen Arbeit

Auch in der Praxis der Sozialen Arbeit sind neue Medien nicht mehr wegzudecken, auch wenn das den Sozialarbeiterinnen und Sozialarbeitern nicht immer bewusst ist. Dadurch, dass die Kommunikation mit neuen Medien so einfach gestaltet werden kann und die Arbeit der Sozialarbeiterinnen und Sozialarbeiter zum größten Teil aus Kommunikation in vielfältigen Formen besteht, wurden die Vorzüge der neuen Medien bewusst oder unbewusst übernommen. Im Folgenden wird erläutert, welche Medien in der Praxis verwendet werden. Bei Praxisbeispielen wird auf den Bereich Jugendhilfe eingegangen.

Der Computer mit Internetanschluss ist mit seinen umfangreichen Möglichkeiten nicht mehr wegzudenken. Dokumentenmanagement ist ein wichtiger Bereich der Computernutzung, da vorgefertigte und abgespeicherte Formulare jederzeit abrufbar sind und viel Arbeit abnimmt. Dies können Formulare wie zum Beispiel Versorgungspläne, Fahrtkosten, Verpflegungsgeld oder verschiedene Anträge sein. Diese Formulare werden in der Praxis meistens noch ausgedruckt und in Papierform abgegeben, wobei man diese auch mit E-Mails verschicken könnte. Doch nicht nur Formulare werden bearbeitet, sondern auch Dokumente erstellt, weitergeleitet und gespeichert. Beispielsweise werden Berichte der Klientinnen und Klienten erstellt, diese in einem für sie angelegten Ordner abgespeichert und an das Jugendamt oder der Leitung verschickt. In der Praxis wird langsam versucht alle Dokumente zu digitalisieren, wie zum Beispiel beim Jugendamt, jedoch werden viele Dokumente noch zusätzlich in Papierform aufbewahrt. Daran sieht man auch, dass das Vertrauen in die Digitalisierung noch nicht allzu groß ist. Die wichtigste Kommunikationsform innerhalb einer Einrichtung oder Organisation ist der E-Mailverkehr. Ganz egal welche Ebene man erreichen möchte, sei es das Jugendamt, die Bereichsleitung, andere Mitarbeiter oder Institutionen außerhalb der Einrichtung. E-Mails sind eine hochangesehene und weitverbreitete Kommunikationsform. Es gibt kaum einen privaten Haushalt oder öffentliche Bereiche, die keine E-Mail-Adresse besitzen. Mit E-Mails werden auch Dateien, wie Bilder oder Word-Dateien, weitergeleitet. Das Internet wird auch oft als Raum genutzt, indem man Informationen sehr schnell beschaffen kann, wie zum Beispiel Öffnungszeiten, Adressen, Telefonnummern oder Allgemeinwissen. Durch das Internet wir auch Öffentlichkeitsarbeit betrieben. Heutzutage besitzt fast jede soziale Einrichtung eine Webseite, in der die Art der Einrichtungen, die Zielgruppe, die Angebote und Mitarbeiterinnen und Mitarbeiter vorgestellt werden. Das Ziel dabei ist, einen guten Eindruck zu machen und die Zielgruppen anzusprechen. Doch nicht nur mit Webseiten wird Öffentlichkeitsarbeit betrieben, sondern auch mit Profilen in sozialen Netzwerken, die aktuelle Veranstaltungen und Neuigkeiten aufweisen.

Ein weiteres neues Medium ist das Smartphone. Dies hört sich im ersten Moment nicht sehr professionell an, da das Smartphone eher mit einem Unterhaltungsgerät assoziiert wird, jedoch etabliert sich dieses Gerät auch immer mehr in der Praxis der Sozialen Arbeit. Ein Smartphone ist ein Multimediagerät, das mit Internetzugang eine so vielfältige Anwendungsmöglichkeit bietet und dazu noch sehr mobil ist. Das Smartphone wird als Kommunikationsgerät benutzt und kann schnellen Austausch zwischen Sozialarbeiterinnen, Sozialarbeitern und Klientinnen und Klienten herstellen, wie auch mit Kolleginnen und Kollegen und mit der Leitung. Ein Praxisbeispiel wäre die schnelle Kommunikation zwischen Klientinnen, Klient und Sozialarbeiterinnen und Sozialarbeiter in einer Tagesgruppe. Wenn das Kind krank ist oder es aufgelöst zu Hause ankam, besteht die Möglichkeit eine schnelle WhatsApp Nachricht oder eine SMS zu schreiben, ohne großen Zeitaufwand und offiziellem Charakter.

Ein weiteres Medium ist das Intranet, das mit Hilfe von Programmen als Plattform, für eine Einrichtung, dienen kann. Mittlerweile wurden Programme konzipiert und in manchen Einrichtungen schon eingeführt, die das Dokumentenmanagement und die Kommunikation innerhalb der Einrichtung verbessern sollen. Auf dieser Plattform hat jede Mitarbeiterin und jeder Mitarbeiter der Einrichtung individuelle Zugangsdaten, die sicherstellen, dass nur die Bereiche freigeschaltet sind, die für die Arbeit der Mitarbeiterin und des Mitarbeiters relevant sind. Auf dieser Plattform werden Informationen des Klienten abgespeichert, wie zum Beispiel Berichte, Erziehungspläne und persönlich Daten. Hinzu kommt ein sogenanntes Tagebuch, indem tägliche Notizen und Auffälligkeiten notiert werden können. Außer den Mitarbeitern dieser Gruppe haben auch die Leitung und der psychologische Fachdienst die Möglichkeit, auf die Informationen der Klienten zuzugreifen und sind somit jederzeit über Veränderungen und Auffälligkeiten informiert, ohne Kontakt zu den Mitarbeitern der Gruppe gehabt zu haben. Damit ist eine unmittelbare Kommunikation, ohne großen Aufwand, umsetzbar.

Man kann also sehen, dass die Praxis der Sozialen Arbeit vielfältig mit neuen Medien umgeht und es die Arbeit auch vereinfachen kann, wenn eine Einrichtung zeitliche und finanzielle Ressourcen besitzt, um solche Programme einzuführen. Neue Medien werden jedoch nicht nur in der Praxis verwendet. Sie beeinflussen und verändern auch Angebote und Methoden der Sozialen Arbeit. Ein Beispiel wäre dafür die Beratungsstelle, die es mittlerweile für jede Problemlage und jedes Klientel gibt. Welche neue Erscheinungsform durch Beratungsstellen und neue Medien entstanden ist, wird im nächsten Abschnitt erläutert.

3.2.1 Online-Beratung

Durch Mediatisierung entstehen neue Möglichkeiten der Kommunikationsformen. Die Beratungslandschaft sieht neue Herausforderungen, da Klienten, denen die digitale Kommunikation vertraut ist, eine Ausweitung der Beratung in virtuelle Räume erwarten. Dabei spielt die Anonymität eine wichtige Rolle, ohne direkte Kommunikationsformen aufzugeben. Denn in der virtuellen Kommunikation findet auch reale Kommunikation statt, mit vielen Begleiterscheinungen wie zum Beispiel Freude, Ärger, Verstehen, Missverstehen und Informationsaustausch. Es findet zwar keine Face-to-Face-Kommunikation statt, jedoch beeinflusst die virtuelle Kommunikation die Realität. Die Auswirkungen der Kommunikation bleiben die Gleichen. Der Klient hat außerdem die Möglichkeit, das Bild von seiner Person, gegenüber dem Berater, zu beeinflussen. Es findet dadurch keine automatisierte Analyse des Menschen statt, wie in der Face-to-Face-Kommunikation, da der Klient das von sich zeigen kann, was er für richtig hält. Durch die Online-Beratung können auch strukturelle Vorgaben durchbrochen werden, wie zum Beispiel die Öffnungszeiten oder die Distanz zur Beratungsstelle. (Vgl. KÜHNE/HINTENBERGER 2009, S. 13ff)

Durch das Internet ist eine neue Realität entstanden, in der die Soziale Arbeit und andere Professionen Teil der Entwicklung sein müssen. In der realen Welt gibt es alles, was es auch in der virtuellen Welt gibt, wie zum Beispiel E-Health, E-Voting, E-Government, E-Coaching, E-Teaching, E-Learning, E-Banking und E-Therapy. Das bedeutet, dass es auch Angebote der Sozialen Arbeit online geben sollte, um die Menschen in der neuen Welt zu erreichen. Es gibt verschiedene Arten der Online-Beratung, wie zum Beispiel die Form der Mail-Beratung, des Chats oder die Foren-Beratung. (Vgl. KÜHNE/HINTENBERGER 2009, S. 14ff)

Onlineberatung könnte dazu beitragen, der Vielzahl der Ratsuchenden im Netz eine professionelle und fachlich fundierte Onlineberatung anzubieten, um Beratung auf unseriösen Plattformen zu vermeiden. Da das Beratungsbedürfnis in der Gesellschaft zunimmt, durch neue Probleme wie zum Beispiel Spielsucht oder Schuldenberatung, entsteht eine Überforderung der Beratungsstellen, da man der hohen Nachfrage nicht gerecht werden kann. Deshalb sollte man die Chance nutzen, die die Onlineberatung anbietet, um die Angebote effizienter und zielgenauer anbieten zu können. Man könnte durch den Einsatz von Kommunikations- und Informationstechnologien die Mangelsituation, bis zu einem bestimmten Grad, auflösen. Deshalb sollte die Onlineberatung ausgebaut werden und die daraus entstehenden Ressourcen auch nutzen. (Vgl. CLEPPIEN/LERCHE 2010, S. 105f)

Ein Vorbild wäre die Caritas, die auf ihrer Webseite eine Onlineberatung anbietet. Um auch für die Menschen die Bedienung der Onlineberatung zu erklären, die mit dem Internet nicht so vertraut sind, haben sie ein Erklärvideo bei YouTube eingestellt. Das ist ein sehr niederschwelliges Angebot, da jeder die Chance hat sich dort beraten zu lassen.

4 Ausblick

Die Wörter „Sozialisation" und "Neue Medien" stehen in der heutigen Zeit definitiv in Beziehung miteinander und beeinflussen sich gegenseitig. Da die Sozialisation alles beeinflusst, was in der Umwelt des Individuums in Erscheinung tritt, ist die Mediatisierung ein Teil der heutigen Sozialisation. Wie genau sich die Medien auf die Entwicklung der Kinder und Jugendlichen auswirkt, ist jedoch nicht in einer allgemeinen Erklärung zu beantworten. Welchen Einfluss die neuen Medien haben, hängt von so vielen Unterschiedlichen Faktoren ab, wie zum Beispiel der kulturelle Hintergrund, die Bildung, die Reflexion der Medieninhalte, der Umgang der Eltern mit Medien, der Zugang zu Medien, die persönlichen Bedürfnisse, die Medienkompetenzen usw. Deshalb ist es nicht sinnvoll Medien allgemein als negativ zu sehen und die Mediatisierung als schlechten Einfluss auf die Sozialisation zu sehen, sondern auch die Chancen und Möglichkeiten der neuen Medien zu benennen. Viele Dinge fallen uns durch Medien leichter und für junge Menschen wurde ein virtueller Raum erschaffen, indem sie sich entfalten können.

Um noch mehr Chancen zu nutzen, sollte sich die Soziale Arbeit mehr mit dem Thema beschäftigen und die Menschen bei der gesellschaftlichen Veränderung begleiten. Sie sollte sich offen gegenüber den Medien zeigen, um auch die Menschen zu erreichen, die sich in der virtuellen Kommunikation wohler fühlen, da die Möglichkeit der Anonymität besteht. Die Aufgabe ist es, die Faktoren, die einen positiven Umgang mit Medien ermöglichen, zu unterstützen und zu fördern.

Man sollte den Einfluss der neuen Medien nicht in eine Schublade stecken und sie als allgemein negativ bewertet, nur weil sich dadurch das gesellschaftliche Leben verändert und die Menschen Angst vor Veränderungen haben. Man sollte die Ressourcen, die sich aus der Mediatisierung ergeben, voll ausschöpfen. Denn aufhalten kann man diese Entwicklung nicht.

5 Literaturverzeichnis

BUNDESMINISTERIUM FÜR FAMILIE, SENIOREN, FRAUEN UND JUGEND: 14. Kinder- und Jugendbericht. Bericht über die Lebenssituation junger Menschen und die Leistungen der Kinder- und Jugendhilfe in Deutschland, 2013

CLEPPIEN, Georg/LERCHE, Ulrike (Hrsg.): Soziale Arbeit und Medien. Wiesbaden: VS Verlag, 2010

DITTLER, Ulrich/HOYER, Michael (Hrsg.): Aufwachsen in sozialen Netzwerken. Chancen und Gefahren von Netzgemeinschaften aus medienpsychologischer und medienpädagogischer Perspektive. München: kopaed, 2012

OTTO, Hans-Uwe/KUTSCHER, Nadia (Hrsg.): Informelle Bildung Online. Perspektiven für Bildung, Jugendliche und Medienpädagogik. Weinheim; München: Juventa, 2004

HUGGER, Kai-Uwe u.a.: Jahrbuch Medienpädagogik 12. Kinder und Kindheit in der digitalen Kultur. Wiesbaden: SpringerVS, 2015

KOMPETENZZENTRUM INFORMELLE BILDUNG (Hrsg.): Grenzenlose Cyberwelt? Zum Verhältnis von digitaler Ungleichheit und neuen Bildungszugängen für Jugendliche. Wiesbaden: VS Verlag für Sozialwissenschaften, 2007

KÜHNE, Stefan/HINTENBERGER, Gerhard (Hrsg.): Handbuch Online-Beratung. Göttingen: Vandenhoeck & Ruprecht, 2009

TILLMANN, Angela/FLEISCHER, Sandra/HUGGER, Kai-Uwe (Hrsg.): Handbuch Kinder und Medien. Digitale Kultur und Kommunikation, Band 1. Wiesbaden: SpringerVS, 2014

Internetquellen

ANTINORI, Myriam/KERCHER, Judith/MRUGALLA, Charis/WILFLING, Lena: Nutzung Neuer Medien in der Sozialen Arbeit. Unter: http://www.academia.edu/6452900/Nutzung_Neuer_Medien_in_der_Sozialen_Arbeit, 04.02.1016

http://fundraisingverband.de/information/haeufige-fragen/allgemein.html, 04.02.2016

http://www.mpfs.de/index.php?id=497, 04.02.2016

http://www.duden.de/rechtschreibung/Medium_Vermittler_Traeger, 02.02.2016

http://www.duden.de/rechtschreibung/Medien_Presse_Rundfunk_Fernsehen, 02.02.2016

http://www.dtp-neuemedien.de/neue-medien/beispiele-neue-medien.htm, 02.02.2016

BEI GRIN MACHT SICH IHR WISSEN BEZAHLT

- Wir veröffentlichen Ihre Hausarbeit,
  Bachelor- und Masterarbeit

- Ihr eigenes eBook und Buch -
  weltweit in allen wichtigen Shops

- Verdienen Sie an jedem Verkauf

Jetzt bei www.GRIN.com hochladen und kostenlos publizieren